팔리든 안 팔리든 좋은 책을 만들기 위해 늘 애쓰는 편집자들을 응원합니다.

중쇄 미정

중쇄미정

KOREA EDITION

가와사키 쇼헤이 만화 김연한 옮김

GRI.JOA

머리말

정보를 수집, 혹은 정리한 뒤, 어떤 문화 속에서 가치 있는 내용으로 완성하는 일을 '편집'이라고 한다면, 그 역사는 한없이 거슬러 올라갈 수 있을 것입니다. 역사의 존재 그 자체가 편집의 결과이니까요. 그러나 편집 일만큼 주목받기 어려운 일도 드뭅니다. 준비된 정보를 우리는 아무런 어려움 없이 보고 음미합니다. 그 과정에서 우리는 작가 또는 아티스트라고 부르는 정보의 제작자에 대해 경의를 품습니다. 그들의 재능이 없었다면 뛰어난 작품을 만날 수 없었을 테니까요. 그러나 그들의 글을 정보로 엮는 '편집'에 관해서 우리는 너무나 무관심합니다. 아니, 전혀 모르죠. 누가 그 작품을 작가에게 쓰게 했는지, 누가 초고에서 실수를 잡아내고 고치고 다듬었는지, 누가 어떻게 인쇄를 맡겼는지…… 그런 과정은 독자에게 보이지 않습니다. 편집된 결과는 얼마든지 볼 수 있지만, 편집자는 늘 작품 배후에 있습니다. 굳이 그 배후로 눈을 돌리지 않아도 정보의 혜택을 누릴 수 있으니, '편집'이 주목받지 못하는 것은 어쩔 수 없는 일인지도 모릅니다.

하지만, '편집'이 이렇게 무시된 채로 흘러가도 될까요? 그러한 의문이 이 책을 낸 동기입니다. 저자인 저는 일본의 작은 출판사, 필름아트사의 편집자이기도 합니다. 저자와 편집자 양쪽을 겪어보고 느낀 점은 앞으로 '편집'이 정보를 가공하고 내보내는 데 갈수록 중요한 역할을 한다는 것입니다. 극소수의 천재 작가들이 있고, 많은 독자가 그들의 작품을 기다리는 시대는 이제 오기 어렵다고 봅니다. 그런 비즈니스 모델에선 중소형 출판사가 살아남을 수 없습니다. 지금 시대에서 요구되는 것은 '독자가 생각하지도 못한 새로운 세상'에 '무명의 새로운 작가'를 끌어들이는 일입니다. 다수의 독자를 노리기보다 소수라도 숨은 수요를 찾아내서 예상 밖의 공급을 하는 '편집자'가 미래를 만든다고 저는 믿습니다. 그러한 신념 덕에 편집자를 주인공으로 내세운, 다소 별난 만화를 그릴 수 있었습니다.

일본인인 저의 서툰 만화가 한국인 편집자 김연한 씨의 눈에 띄어 한국에서 출판하게 되었습니다. 그 사실 자체가 제 생각을 증명합니다. 김연한 씨는 한국에 알려지지 않은 저와, 제 만화를 찾아내서 일본의 출판과 직접 관계도 없는 한국의 독자에게 전달하려고 했습니다. 즉, 숨은 수요를 찾아내서 예상 밖의 공급을 하는 일이죠.

솔직히 처음 한국판 제안을 받았을 때는 '기쁘지만 무모하다'고 생각했습니다. 하지만 편집자 김연한 씨의 열정과 지성에 저는 끌렸고, 그 결과 이 책이 한국에 나오게 되었습니다. 한국 독자 여러분이 일본 출판업계의 막막함, 편집자라는 직업의 비장함 등을 느끼시면서 편집의 의미와 책의 앞날에 관해 조금이라도 생각할 계기가 된다면, 저에겐 더할 나위 없는 기쁨입니다.

가와사키 쇼헤이(川崎 昌平)

머리말	005
표류사 일꾼 소개	008
1화 입고	011
2화 오자	024
3화 기획회의	047
4화 도서유통사	059
5화 원고 받기 1	076
6화 원고 받기 2	095
7화 소제목	119
8화 결산	129
저자 인터뷰	148

표류사 일꾼 소개

주인공
약소 출판사 표류사(漂流社)에서 일하는 편집자. 이름·성별 불명. 회사 내에서는 가장 말단. 일에 대한 열정이 약하다.

편집장
표류사 전체를 이끄는 현장지휘자이며, 발행인을 대신한다. 과거에는 베스트셀러를 다수 낸 명편집자였지만, 최근에는 편집 업무에 깊이 관여하지 않고 책의 완성 단계에서 최종 확인만 한다. 완력이 세다.

부편집장
편집부의 실질적인 리더. 출간 일정 관리와 예산 관리를 도맡아 하면서 자신이 기획한 책도 편집한다.

상자
편집자. 주인공의 선배. 작은 부분까지 철저히 챙기는 성격이라서 일을 대충대충 해치우려는 주인공을 자주 혼낸다.

양동이
영업자. 표류사의 영업을 사실상 혼자 책임지고 있다. 이성보다 정열로 행동하기 쉬운 타입. 영업 성적은 그리 뛰어나지 않다.

머리핀
영업부장. 경리와 총무 업무까지 부지런히 잘해낸다. 화나면 무섭다.

표류사(漂流社)

도쿄 도 시부야 구 에비스에 있는 약소 출판사. 생활 풍속 관련서를 중심으로 다양한 책을 낸다. 회사명은 일본 초등학교 작문 교과서에서 난독 한자어로 나왔던 '표류(漂流)'에서 따왔다고 한다. 잠깐 잘 나가던 때도 있었으나 지금은 이름처럼 해마다 매출이 '표류'하고 있다. 사장은 편집장에게 전권을 주고 출근하지 않는다고 한다.

당연히 실제로 존재하는 출판사는 아니다. 참고로 이 만화에 등장하는 인명, 회사명은 전부 가공의 것이며, 실제와는 상관이 없다.

1화 입고

입고(入稿)
편집이 끝난 원고를 인쇄소에 넘기는 일. 여기선 조판까지 끝난 디지털 데이터를 인쇄소에 보내는 행위를 말한다. 책 제작을 마무리하는 과정에서 가장 중요한 부분이다. 대부분의 마감일은 입고를 기점으로 계산하는 게 보통이다.

교정쇄
완성 단계에서 잘못된 부분이 있는지 확인하기 위해 책 데이터를 적당한 종이에 시험 인쇄한 것. 인쇄했을 때 어떤 느낌인지만 대략 알 수 있다. 교정쇄가 나온 시점에는 인쇄판 제작이 끝난 경우도 있어서 그때 고치면 돈이 든다. 그래서 교정쇄로 수정을 미루는 건 좋지 못한 생각이다.

사소한 부분은 교정쇄※에서 고치자.

허둥지둥

따르릉~
따르릉~

언제쯤
인쇄소에 데이터 보내는 날을 미리 알리면, 인쇄소는 인쇄일을 결정해서 알려준다. 그날 못 찍으면 인쇄소는 다른 일정에도 차질을 빚게 되므로, 편집자는 일정을 꼭 지켜야 하지만, 보통 아슬아슬한 지경까지 간다. 그래도 인쇄소는 할 수 없이 기다린다.

출간 계획
어떤 책을 연간 몇 종 몇 부 낼지 정하는 중요 계획. 터무니없는 게 보통이다. 대개 계획대로 안 된다.

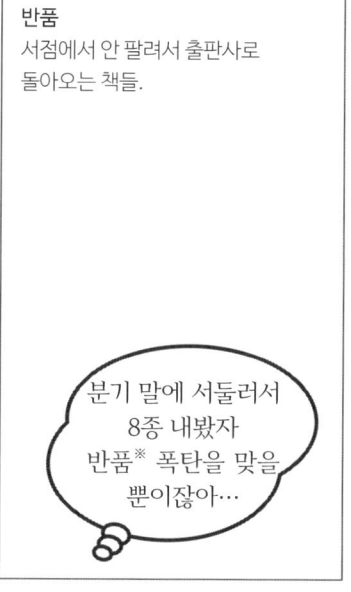

반품
서점에서 안 팔려서 출판사로 돌아오는 책들.

2교 수정사항
디자이너가 원고를 처음 조판한 교정지를 초교지라고 하고, 거기에 편집자가 빨간 펜으로 수정 표시하는 일이 초교(1교)이다. 디자이너가 그걸 보고 고쳐서 교정지를 보내면, 편집자가 다시 보고 수정 표시하는데, 그걸 2교(재교)라고 부른다. 여기에서 주인공은 수정 표시한 2교지를 스캔한 뒤, 그 파일을 디자이너에게 보내 내일 아침까지 고쳐달라고 한 것이다. 그게 오면 3교를 본다. 이 과정이 끝나야 겨우 편집자가 한시름 놓는다.

올바른 태도라고 할 순 없지만, 완성도를 높이기보다 상품을 빨리 세상에 내놓는 게 우선인 경우가 흔하다. 다만 그걸 당당히 말하는 이는 드물다.

2시간 뒤

막차 시간 이후에도 일하는 편집자는 드물지 않다. 다만, 약소 출판사 대부분은 택시비가 따로 안 나온다.

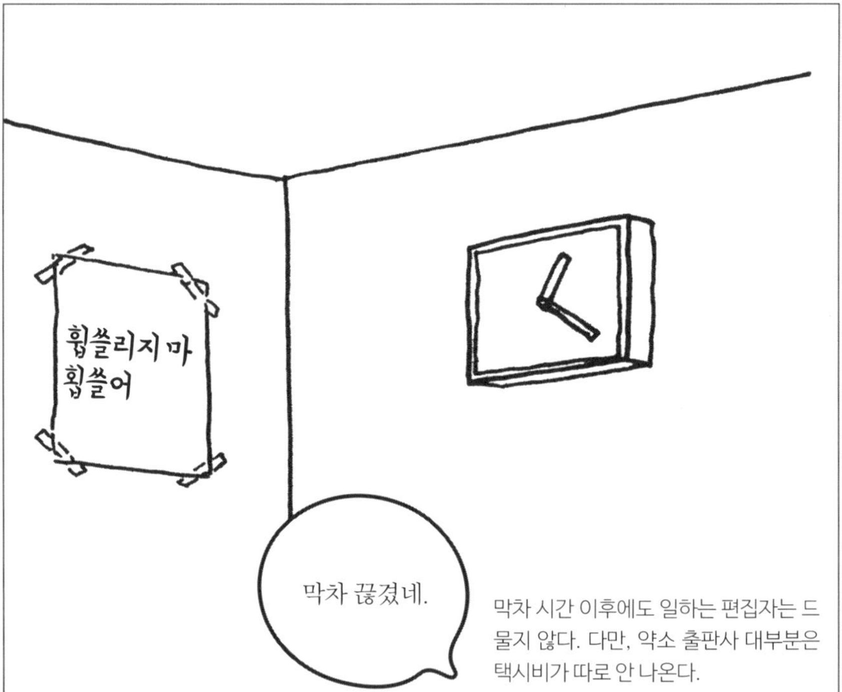

2화 오자

DIC
인쇄용 잉크를 만드는 대기업, DIC(다이닛폰 잉크케미칼) 주식회사를 말한다. 보통은 DIC 에서 만든 색상표를 말하지만, 여기선 그 회사의 잉크를 뜻한다. 주인공이 DIC 어쩌구 하지만, 냄새로 DIC 잉크인지 아닌지 판별하는 건 전문가도 어렵다.

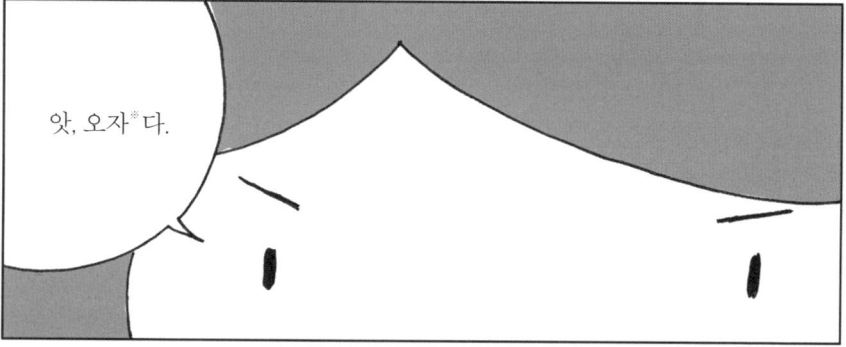

오자(誤字)

글자를 한 자 한 자 골라서 판을 만들던 활판 인쇄 시절에는 인쇄소의 실수로도 오자가 나올 수 있었지만, 디지털 편집 시대가 오고 나서는 확실하게 편집자의 잘못이라고 할 수 있다. 어리석은 실수이고, 태만이며 사고이다. 웃어넘길 수 있는 것과 그렇지 않은 것이 있다. 가령, 요리책의 조리법에서 '두 숟갈'을 '다섯 숟갈'로 잘못 써놓으면, 요리를 망치게 된다. 샘플이 왔을 때도 그 오자를 발견하지 못하면, 최악의 경우, 서점에 진열된 책을 회수하고 새로 찍어야 하는 사태로 이어져 출판사에 큰 손해를 끼친다. 마침표나 느낌표를 잘못 넣는다든가, 조사를 틀리게 쓴 정도는 넘어가려면 넘어갈 수도 있지만, 독자가 보고 있고 읽고 있다. 결과적으로 책의 품위에 흠이 가는 건 피할 수 없다. 여유 있게 교정할 시간이 없는 빠듯한 출간 스케줄, 편집자의 피로에서 오는 독해력 저하 등이 오자의 원인으로 꼽히지만, 편집자 본인은 결코 변명해서는 안 된다. 저자의 원고가 엉망이었다든가 조판을 맡은 디자이너가 실수했다든가, 그런 변명을 하는 사람은 편집자의 자격이 없다. 오자를 발견한 뒤, 흐름은 보통 이렇다.

편집부 내에서 정보 공유→저자에게 사죄→앞으로 실수를 반복하지 않기 위해 눈이 닳도록 오자 부분을 읽고 또 읽기→중쇄 때 고치도록 해당 페이지에 포스트잇을 붙여놓기→중쇄를 찍게 해달라고 기도하기→계속 마음에 담아봤자 어쩔 수 없으니 다 잊고 다음 책 편집에 착수

견제(犬帝)
1927년, 잡지 『킹』 11월호 부록에서 메이지 대제(大帝)라고 써야 할 것을 메이지 견제(犬帝·개 같은 황제)라고 써서 난리가 났던 전설의 오자.

견제(犬帝)* 수준이야?

한국도 1950년에 대구매일신문이 이승만 대통령(大統領)을 견통령(犬統領)으로 잘못 쓰는 바람에 신문사 편집자와 사장이 구속된 일이 있다.

간기면(刊記面)
책의 두 번째 쪽이나 마지막 쪽에 있으며, 도서명, 지은이, 옮긴이, 펴낸이, 발행일, 판쇄 표시, 출판사 주소 등의 서지 사항이 들어간다. 정식 출판물에선 절대로 생략할 수 없는 내용이다. 현장에서는 '간기면'보다 '판권면' 또는 '판권'이라는 말이 더 널리 쓰이고 있지만, 의미가 한정적인 '판권'은 모든 서지 사항을 지칭하는 말로는 충분치 못하다는 주장이 있다.

간기면* 제목하고 표지 제목이 달라요.

그럴 수 있어.

그럴 수 없다. 간기면과 표지에는 중요한 서지 정보가 다수 있어서, 아주 꼼꼼하게 점검해야 하는 페이지다. 제목, 저자명, 발행처 등은 간기면에 실린 내용을 기준으로 삼는 게 일반적이다. 간기면과 표지의 제목이 각각 다르면 서점원, 유통사 직원, 도서관 사서 등에게 혼란을 줄 수 있으므로 큰 실수라고 할 수 있다.

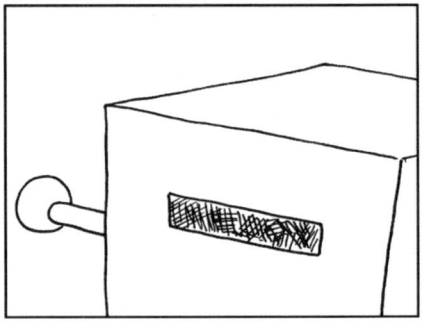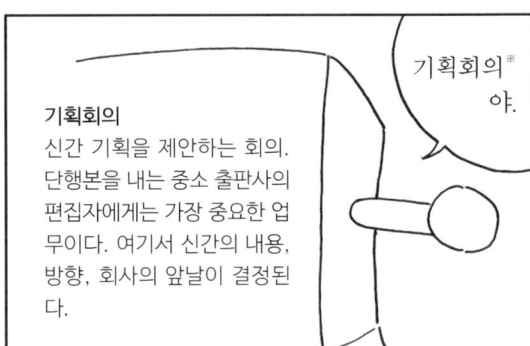

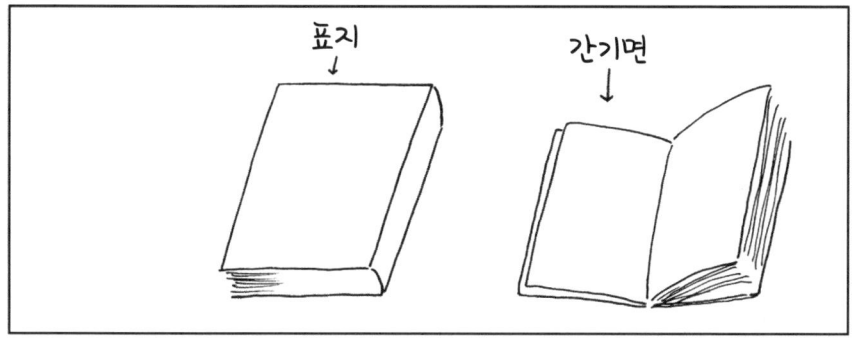

1926~1989년 일본에선 편집자의 약 70%가 흡연자였다고 한다. 요즘엔 많지 않다.

출판계약서
저자와 합의해서 작성하는 계약서. 인세율과 선인세 또는 원고료 등을 적는다.

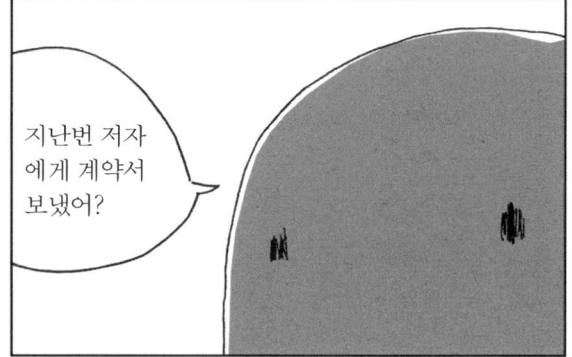

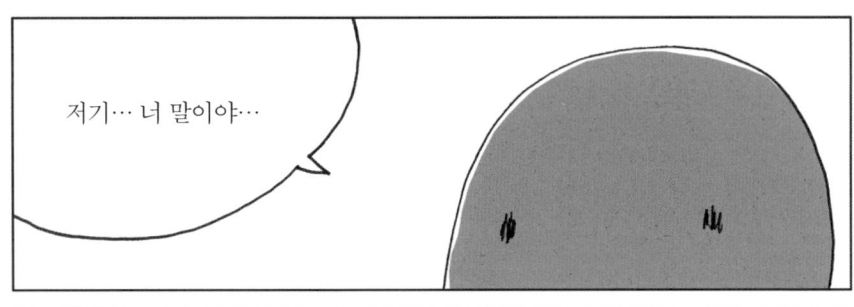

불위야 비불능야(不爲也 非不能也)
맹자의 말. 하지 않는 것이지 하지 못하는 게 아니라는 뜻.

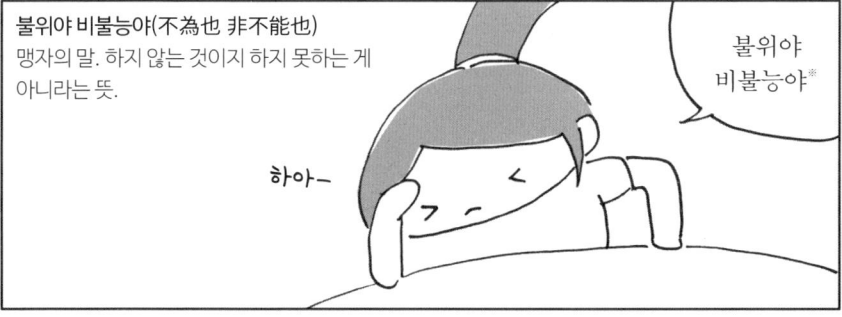

중쇄(重刷)
한 번 인쇄한 책을 다시 일정 부수 인쇄하는 일. 증쇄(增刷), 재판(再版)이라고도 한다. 일반적으로는 책이 잘 나가서 재고가 바닥났을 때 찍는 것을 말한다. 출판사, 편집자, 저자, 독자 모두가 행복해진다. 중쇄를 못 찍으면 중소 출판사는 이익을 내지 못한다.

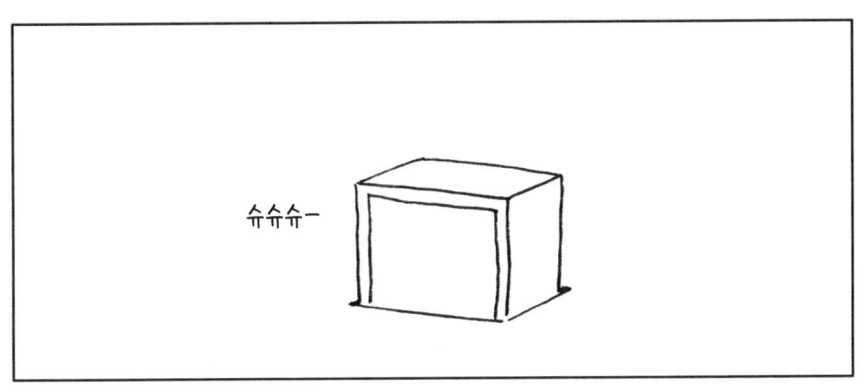

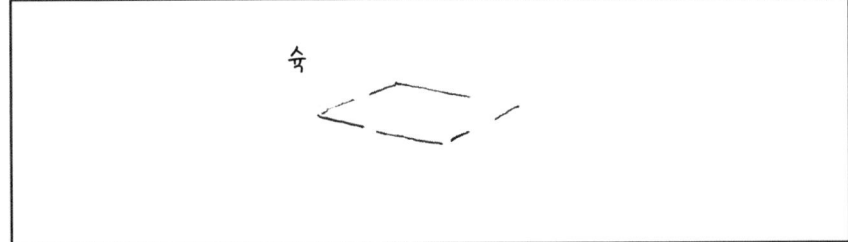

도서유통사
출판사의 재고를 관리하고 전국 서점에 책을 공급하는 도매상. 출판유통회사라고도 한다. 1909년, 일본의 지쓰교노니혼샤가 서점에 "우리 잡지 진열해주실래요? 안 팔리면 반품해도 괜찮습니다"라고 영업하자 단행본도 곧 뒤따르게 되었다. 이후 '책과 잡지는 소매 서점이 돈을 먼저 주지 않아도 들여올 수 있는 상품'으로 인식되었다. 그런 특수한 소매업태를 뒷받침하는 존재가 도서유통사다. 일본은 전국 서점의 90%가 대형 도서유통사 두 곳을 통해 책을 들여오고 있어서 한국의 도서유통사들보다 영향력이 막강하다.

기노쿠니야(紀伊国屋)의 사재기
2015년 9월 10일, 무라카미 하루키의 에세이 『직업으로서의 소설가』가 발매되자, 일본의 대형 서점 체인 기노쿠니야는 초판 10만 부 중 90%를 출판사로부터 직접 사들여 업계에 파문을 일으켰다. 출판사로선 도서유통사를 거치지 않는 직거래에 반품받지 않는 조건이라 행복했을지 모르지만, 도서유통사와 다른 서점들의 반발을 살 수 있어서 가볍게 볼 수 없는 사건이었다.

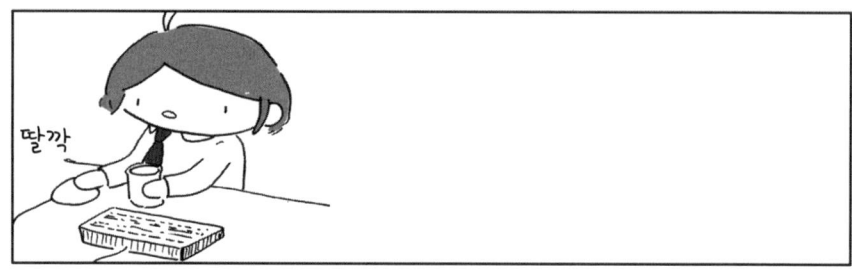

이름 없는 주인공에 관해 저자의 말
이 만화의 주인공에는 이름이 없습니다. 왜냐고요? 편집자이기도 한 저는, 제가 편집한 책의 간기면에 제 이름을 넣지 않는 걸 원칙으로 삼고 있습니다. 책은 편집자의 것이 아니고, 출판사의 것도 아닙니다. 표현물로서는 저자의 것이며, 작품으로서는 독자의 것입니다. 출판사와 편집자 모두 저자와 독자를 이어주는 존재일 뿐이며, 그 이상이어서는 안 된다고 저는 생각합니다. 그래서 편집자인 주인공에게도 일부러 이름을 주지 않았습니다…만, 그리다 보니 이름이 없어서 꽤 불편했습니다. (-_-;)

3화 기획회의

기획회의
새로 출판할 책의 기획을 제안하는 회의. 출판사의 앞날이 여기서 결정난다고 해도 과언은 아니다. 편집자의 진짜 역량이 요구되는 자리이기도 하다. 여기서 승인된 기획을 중심으로 출간 스케줄이 짜이고 편집 작업이 시작된다.

출간 종수
발행할 신간의 수. 여기선 내년 상반기 계획의 출간 종수가 부족하다고 지적하고 있다. 책은 제작 기간이 꽤 긴 상품이기 때문에 어떤 책을 얼마나 만들지 미리 정하는 것이 출판사의 중요한 지침이 된다.

'잘 팔리는 상품'이 없으면 돈을 못 버는 게 당연하지만, '팔 상품'이 없으면 아예 경영이 유지되지 않는다. 우선 팔 수 있는 종수를 확보하고 최저한의 매출 목표를 설정하는 것이 경영진의 일이다. 그 뒤에는 편집자들이 기획을 잘 팔리는 책으로 만들기 위해 분투한다.

출간 시기
부수, 정가, 쪽수와 마찬가지로 어디까지나 예정인 숫자. 발언한 당사자와 참석자 모두 확정으로 생각하진 않는다. 형식적인 숫자이지만, 그마저 없으면 시작도 할 수 없는 것이 편집 일이다.

유사도서
같은 주제나 비슷한 내용으로 이미 출간된 책. "A사가 낸 ○○ 주제의 책이 잘 팔리니까 우리도 ○○ 주제로 한 권 냅시다!"라는 식으로 타사 도서를 참고해서 내는 기획은 흔하다.

…유사도서*의 판매량은?

소화율
어떤 책이 서점에서 실제로 팔리는 정도를 나타낸 수치. 실판매 부수÷입하 부수.
당연하지만, 낮은 것보다 높은 게 기쁘다.

기노쿠니야 펍라인*의 데이터야?

그렇습니다.

부유 출판사의 『살찌자』가 2개월간 소화율* 58%.

꿀꿀 식당의 마스터가 누구지?

기잉

기노쿠니야 펍라인
기노쿠니야 전 서점의 판매 데이터를 알려주는 유료 서비스.
어떤 책이 얼마나 팔리는지 알면 기획을 방향을 잡는 데 도움이 되기 때문에 귀중한 자료이다.

정가를 높게
책값은 단순히 원가와 이익률만으로 결정되지 않는다. 특히 약소 출판사 표류사의 경우, 안 팔리는 것도 가정해서 비용을 계산하기 때문에 정가를 높게 매기자고 하는 것이다.

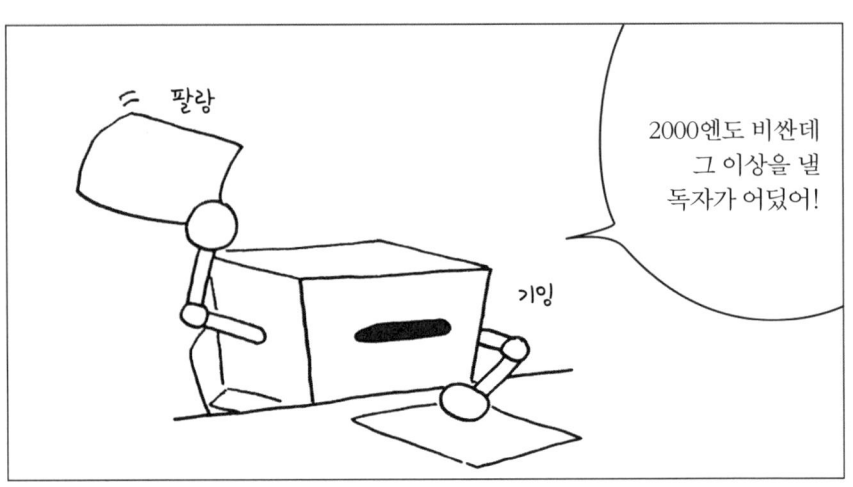

띠지
홍보문구, 추천사, 해설 등을 넣어 표지에 두른 종이. 추천자의 이름이 크게 들어간 띠지도 있다.

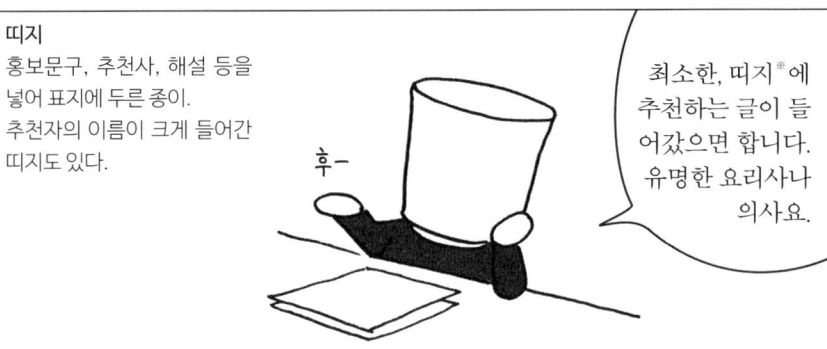

원가율
책의 원가는 인쇄비, 인세 또는 원고료, 디자인비, 각종 선전광고비, 편집자의 인건비 등으로 구성된다. 대량으로 인쇄하면 원가율은 상대적으로 내려가지만, 약소 출판사가 그런 전략을 택하긴 어렵다.

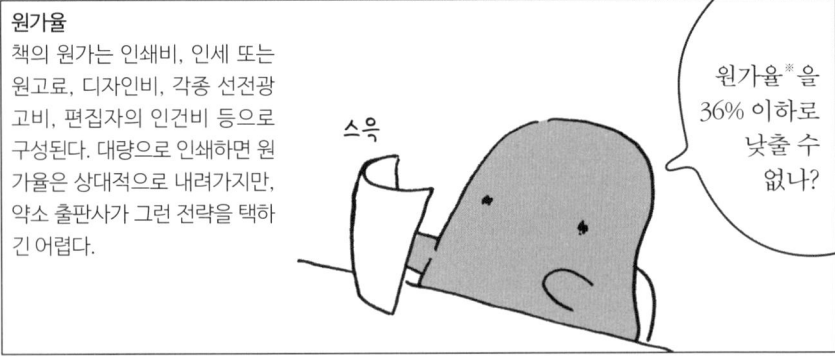

실판매 인세
실제로 팔린 부수를 기준으로 주는 것이 실판매 인세. 인쇄 부수에 따라 주는 것이 인쇄 부수 인세이다.

유통사에 납품
일본선 일반적으로 서점에 직접 배본하지 않고 도서유통사에 신간을 보낸다. 그러면 유통사는 전국의 서점에 책을 공급해준다. 일단 유통사로 납품이 되면 반품될 때까진 매출로 잡힌다.

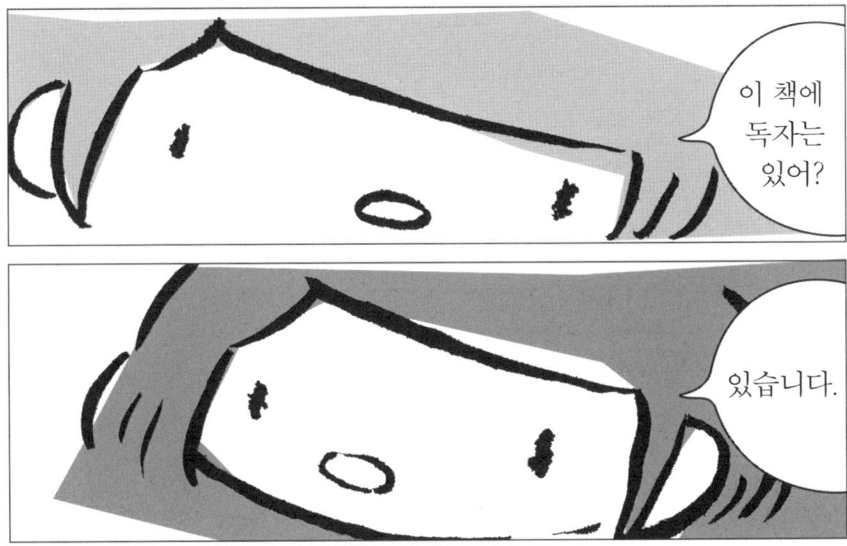

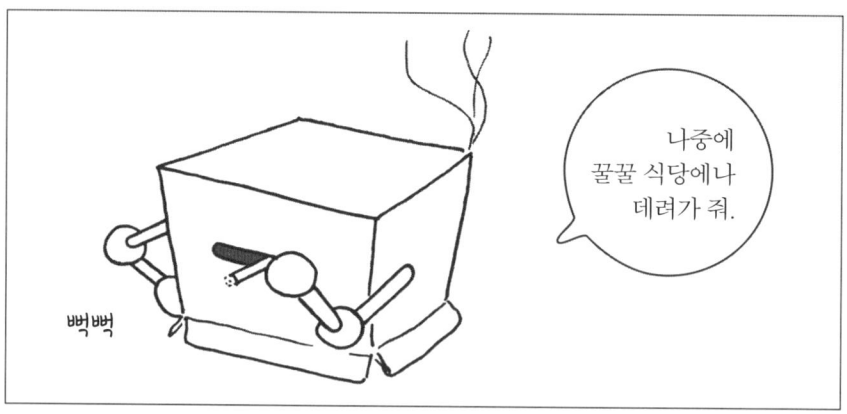

4화 도서유통사

샘플 도서 증정
도서유통사에 신간 증정본을 들고 가서 "이게 이번에 우리 출판사에서 나온 책입니다"라고 소개하면 도서유통사가 전국 서점에 배본할 부수를 정한다. 여기서 결정되는 부수가 출판사의 매출이 된다.

분기 말
결산 전에 '수치상의 매출'을 조금이라도 늘리고 싶은 출판사는 분기 말에 대량으로 책을 낸다. 그 결과, 유통사에 들어오는 샘플 도서 수도 대폭 늘어나서 대기실이 영업자로 가득 찬다.

소문
업계의 특성상, 대단히 빠르게 퍼진다. 소문이 소문을 소문이 낳은 결과, 사람과 돈이 움직이는 일도 종종 있기 때문에 주의가 필요하다.

혹시 아세요?
……큰 출판사에 있는 친구에게 들은 소문*인데, 훈와리도 서점이 위태위태*하대요.

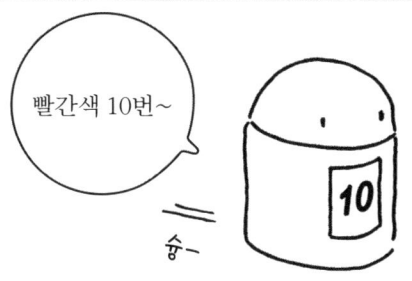

위태위태
밝은 미래는 안 와도, 암울한 예상은 이상하리만치 들어맞는다. 사실, 유통사의 대기실에서 영업자들끼리 좋지 못한 소문을 주고받으며 떠드는 일은 흔치 않다. 위의 장면처럼 타사의 경영위기를 입에 올리는 일은 일본에선 생각할 수 없다.

빨간색 10번~

슝-

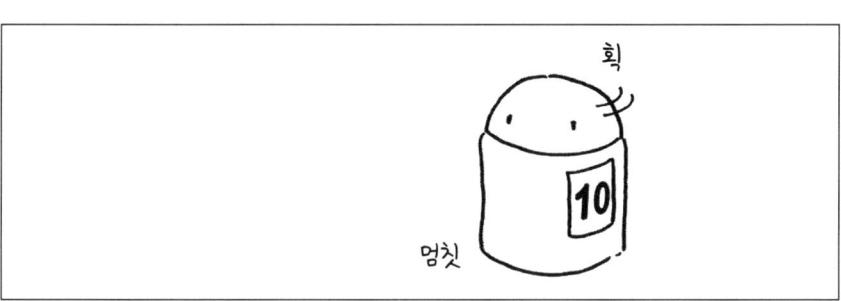

휙

멈칫

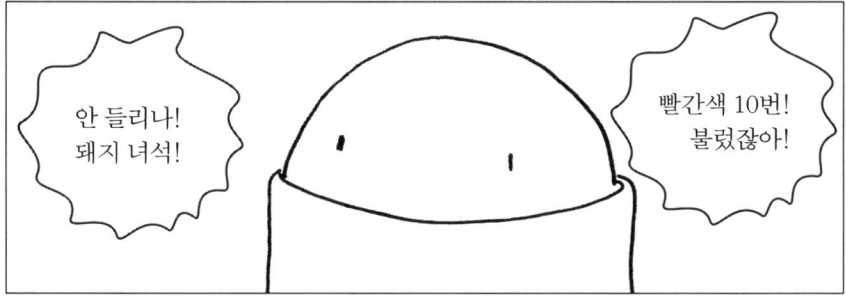

안 들리나!
돼지 녀석!

빨간색 10번!
불렀잖아!

4화 도서유통사

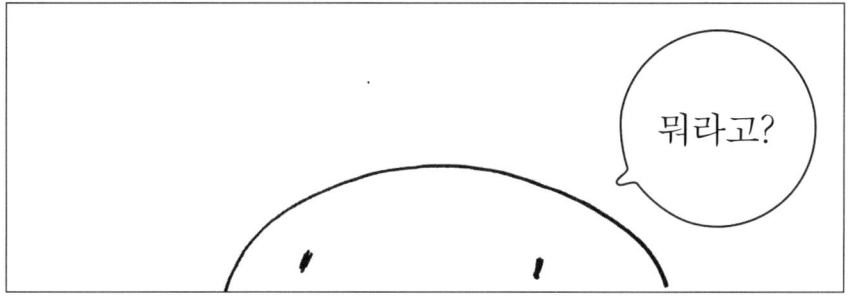

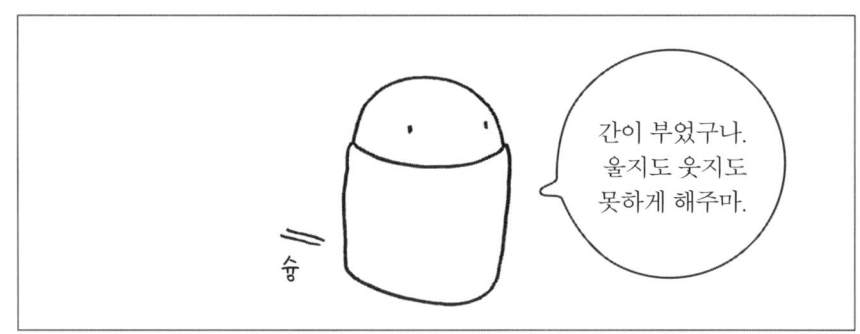

직거래
도서유통사를 거치지 않고 서점에 직접 배본하는 것이 직거래이다.

아마존
아마존(Amazon.co.jp)은 도서유통 서비스를 제공한다. 출판사가 자사 도서를 아마존 배송 센터로 보내면 아마존 사이트에서 '재고 있음'으로 뜨게 된다.

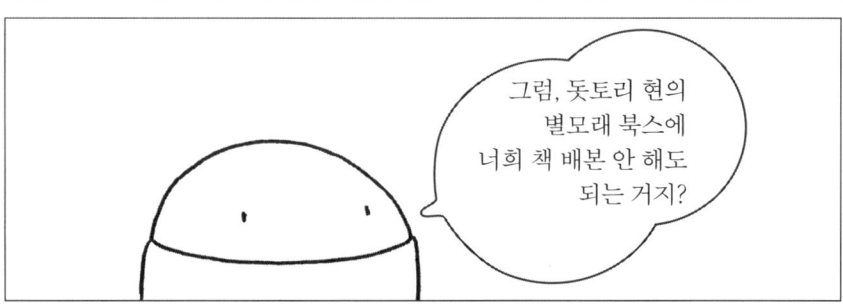

거래처
서점이 책을 공급받는 상대. 즉, 도서유통사를 가리킨다.

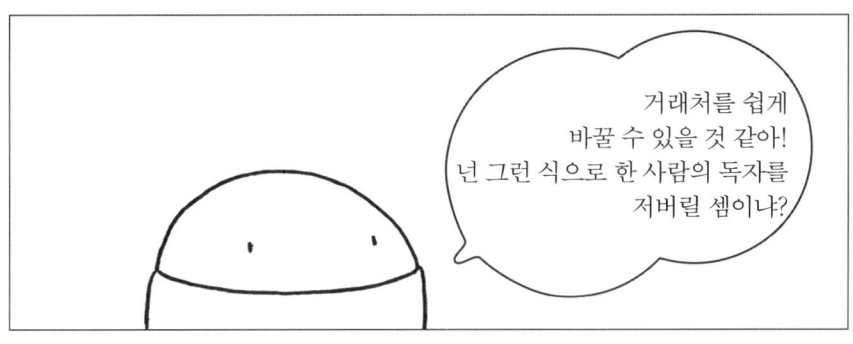

이제 그만해.

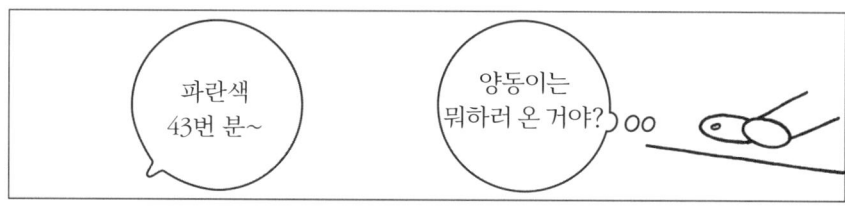

사전 주문 리스트
출간 전에 각 서점에서 주문받은 부수. 서점명과 각 서점의 주문 부수가 상세하게 적혀 있다. "이 책은 출간 전에 128부 주문을 받았어요. 그러니 150부 정도 받으시면 어떨까요?"라는 식으로 협상하는 데 꼭 필요한 데이터다. 일본에선 유통사에 샘플 도서를 증정하기 전에 리스트를 보내는 것이 보통이다.

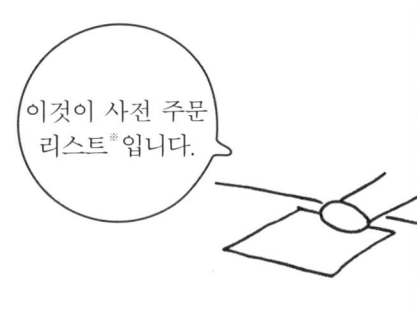

샘플 도서
유통사가 책을 증정받는 까닭은 신속하고 정확한 상품 등록과 배본 부수를 정하기 위해서라고 한다. 그러나 실제로 여러 권의 샘플 도서가 어떻게 이용되고 나중에 어찌 되는지는 베일에 싸여 있다.

4화 도서유통사

한국의 도서유통사에선 일본과 달리 배본 부수가 그 자리에서 결정된다. 사전 주문 리스트도 보통은 따로 제출하지 않는다. 유통사가 배본할 중소형 서점 수가 일본만큼 많지 않고, 출판사도 중소형 서점에는 영업을 잘 안 하기 때문이다.
일본은 유통사의 힘이 막강해서 사전 주문 리스트를 주지 않으면 상대해주지 않고, 배본 부수도 내부에서 결정한 다음, 1~3일 뒤 알려준다.

5화 원고 받기1

원고를 재촉하는 과정에서 저자의 억양, 호흡, 말투, 문자 답변 타이밍 등으로 원고 진척 상황을 파악할 수 있다. 어느 정도 편집 일에 익숙해지면 감이 온다. '아직 원고에 손을 안 댄 상황'은 '연락이 안 되는 상황'보다는 훨씬 나은 상황이다. 이때 "바로 쓸게요"라는 답변으로 유도하는 것이 편집자의 능력이다.

여기서 말하는 10장은 400자 원고지 기준이다. 계산하면 4000자짜리 원고인데, 책 한 권으로 만들기에는 부족한 양이지만, 그 한 권에 꼭 필요한 내용일 수도 있다. 따라서 주인공처럼 "고작"이라고 말해선 안 된다.

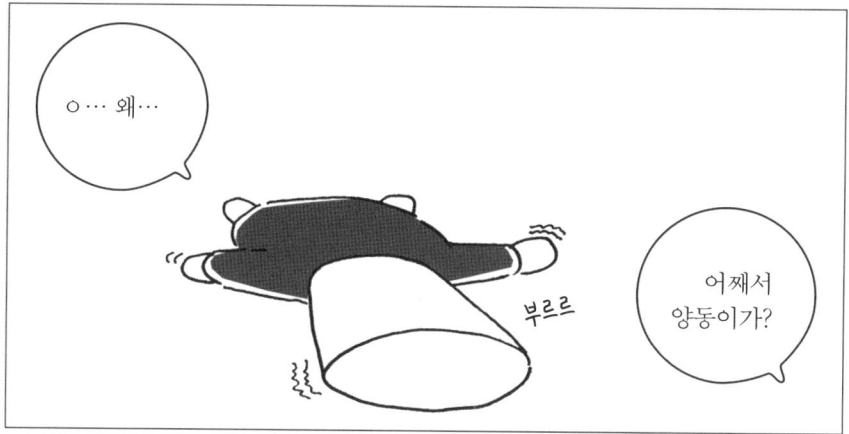

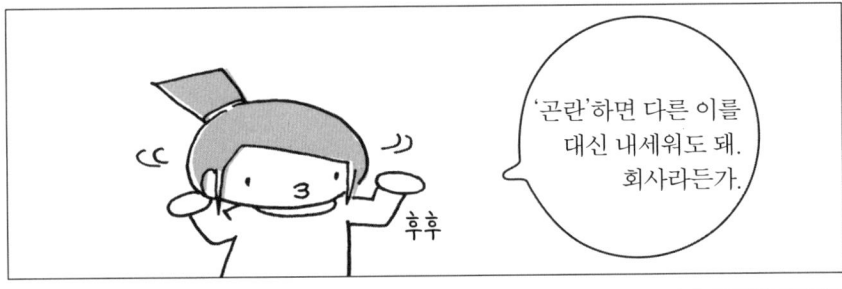

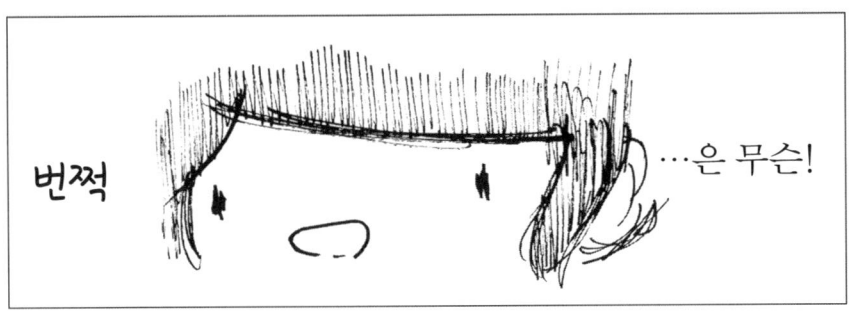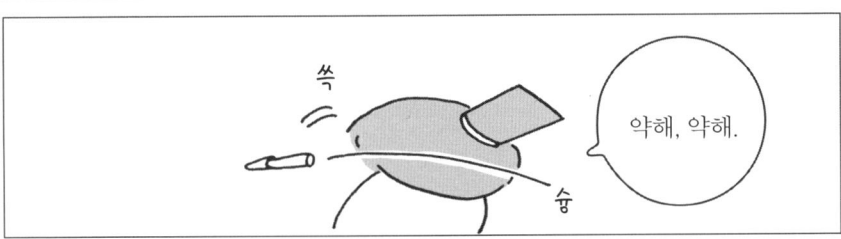

퍽퍽퍽 뚜다닥 쿵쾅

빨간 눈
일본 만화 『카무이전』에 나오는 최강의 닌자.

6화 원고 받기2

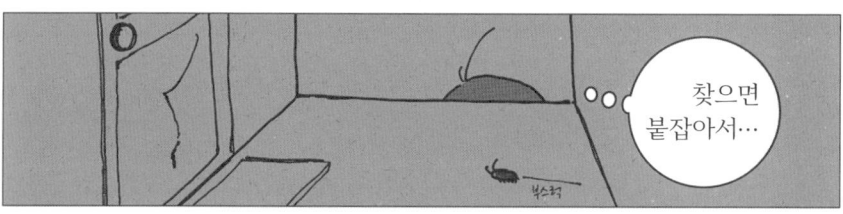

6화 원고 받기2

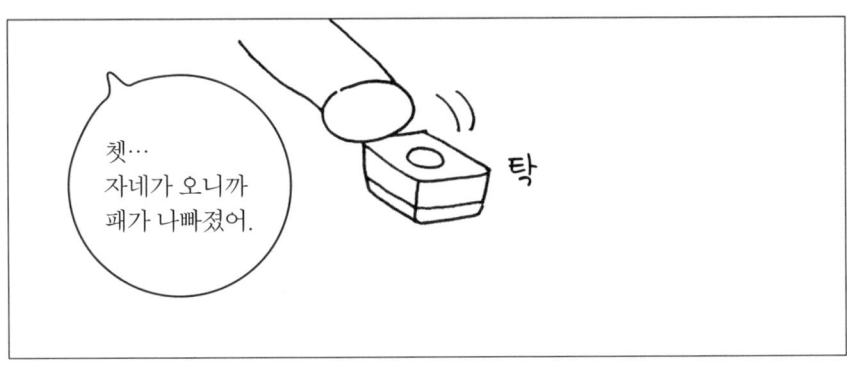

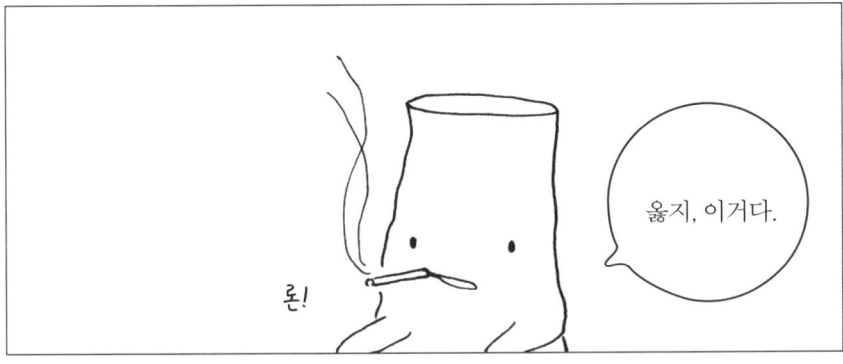

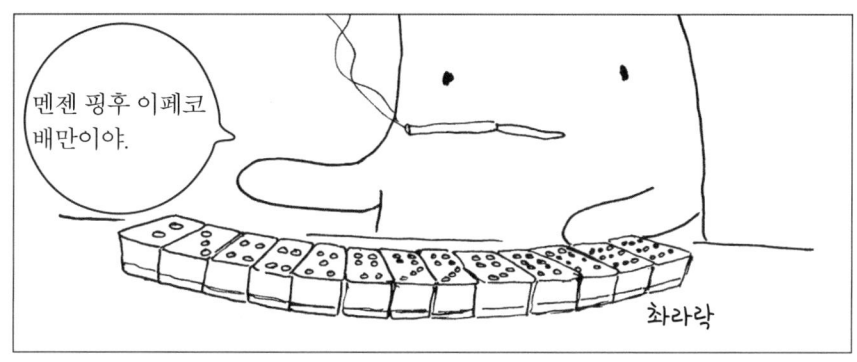

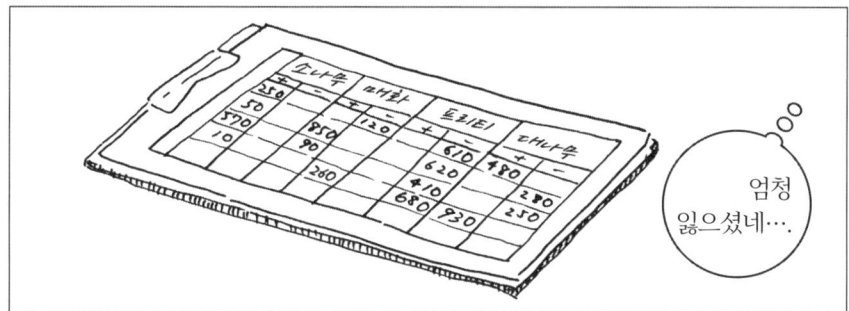

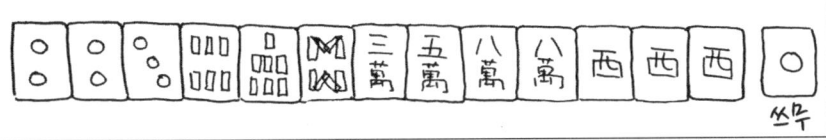
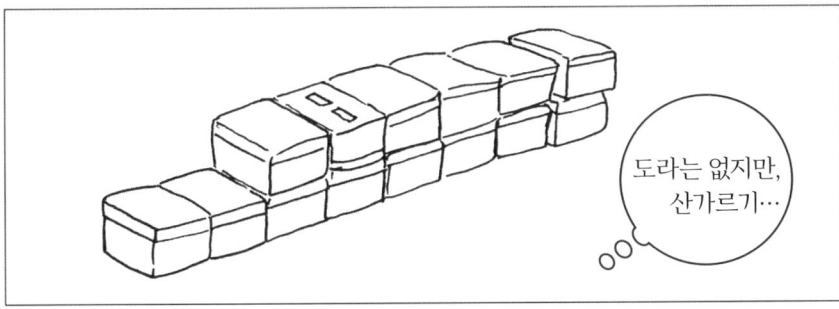

몇 바퀴 돈 뒤 차례

정산 중

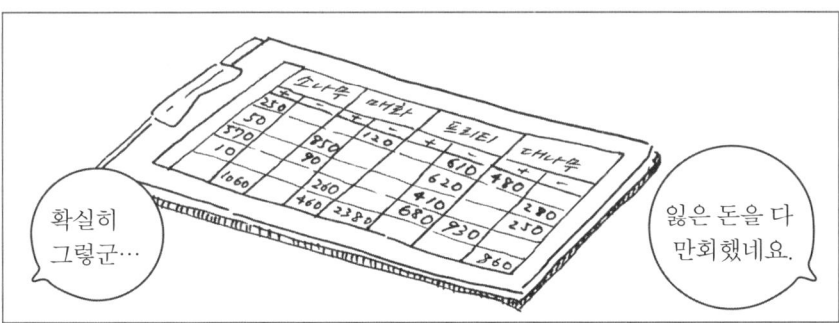

독자
편집자가 종종 입에 올리는 불특정 다수의 인간집단. 그 실상을 아는 일은 불가능에 가깝지만, 많은 편집자가 '자신에게 보이는 독자상'을 말하려고 한다.

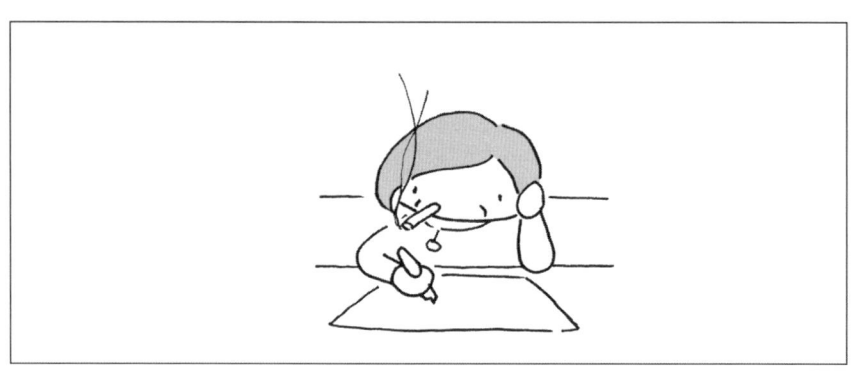

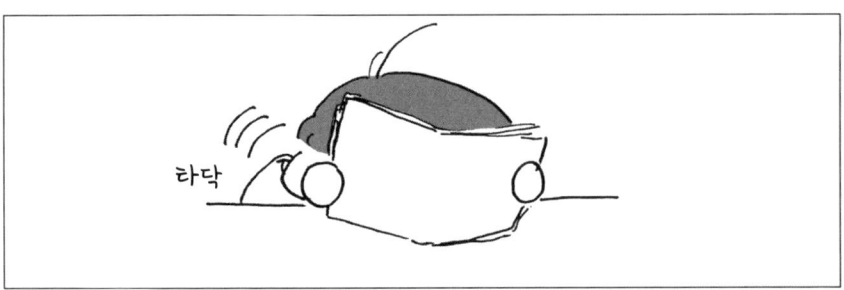
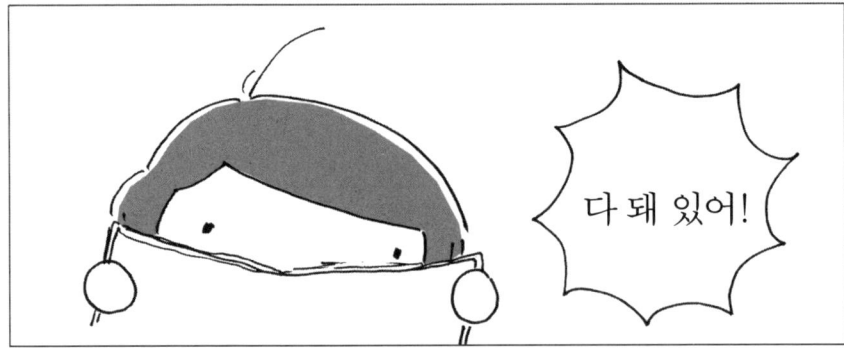

늘 그렇지만, 말하기는 쉽습니다. 무엇보다 힘든 일은 실천이란 녀석입니다. 말뿐이라면 아무나 할 수 있지요. 훗날 오늘을 돌아봤을 때, 가슴을 펴고 당당히 이야기할 수 있도록 행동합시다.

끝

자네에겐 독자가 보이는가?
그러나 독자에겐 자네가 안 보이네.
— 프리티 보리차

```
자네에겐  독자가  보이는가?
그러나  독자에겐  자네가  안  보이네.
                    ─프리티  보리차
```

라캉
젊은 시절의 잭 라캉이 어부 푸치 장에게 "이 멸치 통조림이 보여? 하지만 이 통조림에겐 네가 보이지 않아"라고 말하는 일화가 있는데, 주인공은 그걸 따라 했다고 지적한 것이다. 자세한 내용은 슬라보이 지제크가 쓴 『삐딱하게 보기』라는 책에 나온다.

7화 소제목

빨리 입고
만사에 '늦는' 것보다야 '빠른' 게 나은 것이 편집 업무. 입고도 마찬가지로 인쇄소에 빨리 입고 하면, 교정쇄 점검부터 인쇄판 제작 때까지 여유가 생겨서 마지막으로 수정하고 다듬는 시간을 더 확보할 수 있다.

글자 교정
사진과 이미지의 색감을 확인하는 일이 '색 교정'이고, 본문에서 오탈자를 점검하는 등, 텍스트에 관련된 부분을 확인하는 일이 '글자 교정'이다. 색 교정이 인쇄소 입고 후에 하는 일인 데 반해, 글자 교정은 입고 전에 바짝 해야 하는 일이다.

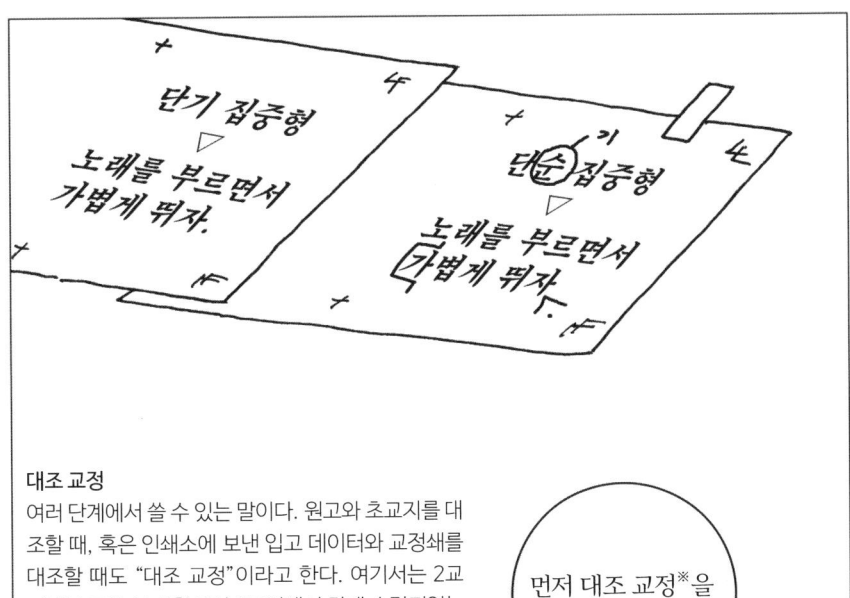

대조 교정
여러 단계에서 쓸 수 있는 말이다. 원고와 초교지를 대조할 때, 혹은 인쇄소에 보낸 입고 데이터와 교정쇄를 대조할 때도 "대조 교정"이라고 한다. 여기서는 2교지에서 교정 본 사항들이 3교지에서 맞게 수정되었는지 대조하는 작업을 뜻한다. 교정 기호의 표기 방법은 편집자마다 다를 수 있으며, 여기선 검은색으로 나왔지만, 대부분 빨간색으로 표시한다. 그래서 교정 기호로 가득한 교정지를 "피바다"라고 부른다. 저 교정지를 잘 보면 들여 쓰기가 반영되지 않은 걸 알 수 있다.

훑어 읽기
마지막 교정에서, 원고나 인용 문헌을 대조하지 않고 그냥 쭉 훑어 읽으면서 문맥을 검토하는 일을 말한다. 입고 직전에 특히 집중해서 봐야 한다. 이때의 교정 정확도는 편집자의 능력을 극단적으로 드러낸다.

소제목
여기선 본문 안에서 한 단락을 묶는 짧은 문장을 말한다. 경제경영서나 자기계발서에 자주 나온다. 원고에 따라 다르지만, 보통 편집자의 재량에 맡긴다.

접속사의 남용은 '그래서' 위험합니다

갑과 을을 비교해서 읽어봅시다. 두 예시문 모두, 두 문장으로 되어 있지만, 갑은 글이 명료하게 정돈되어 있습니다. 접속사 '그래서'를 넣어 앞 문장을 근거로 삼고, 뒷부분의 메시지를 더 강조했지요. 그래서 읽기 편한가요? 정말로?

사실, 뒤 문장인 '나는 지쳤습니다'에 설득력과 진지함을 담을 의도였다면, 을이 더 효과적이지 않을까요. 강한 체념이 어렴풋이 보인다고 할까, 어딘지 염세주의 느낌이 납니다.

B안

너무 자주 쓰는 접속사는 생각해볼 일!?

갑과 을을 비교해서 읽어봅시다. 두 예시문 모두, 두 문장으로 되어 있지만, 갑은 글이 명료하게 정돈되어 있습니다. 접속사 '그래서'를 넣어 앞 문장을 근거로 삼고, 뒷부분의 메시지를 더 강조했지요. 그래서 읽기 편한가요? 정말로?

사실, 뒤 문장인 '나는 지쳤습니다'에 설득력과 진지함을 담을 의도였다면, 을이 더 효과적이지 않을까요. 강한 체념이 어렴풋이 보인다고 할까, 어딘지 염세주의 느낌이 납니다.

A안

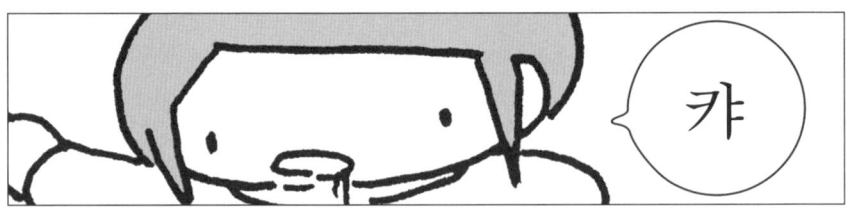

8화 결산

편집장님, 준비해주세요.

결산 회의
표류사에서 분기마다 한 번씩 하는 회의. 3개월간의 실판매 부수와 중쇄 상황, 손익계산서 등이 보고된다. 중요한 데이터들이 난무하지만, 마지막엔 늘 "다음 분기도 열심히 합시다"로 끝나는 것이 표류사의 특징이다.

곧 결산 회의* 시간입니다.

안전여유율
판매액이 손익분기점을 얼마나 넘었는지 계산한 수치. 15% 마이너스는 제조원가조차 회수할 수 없는 수준이며, 표류사 규모의 출판사에는 아주 좋지 않다… 라고 해두자.

요청하신 안전여유율* 표입니다… 15% 마이너스였어요.

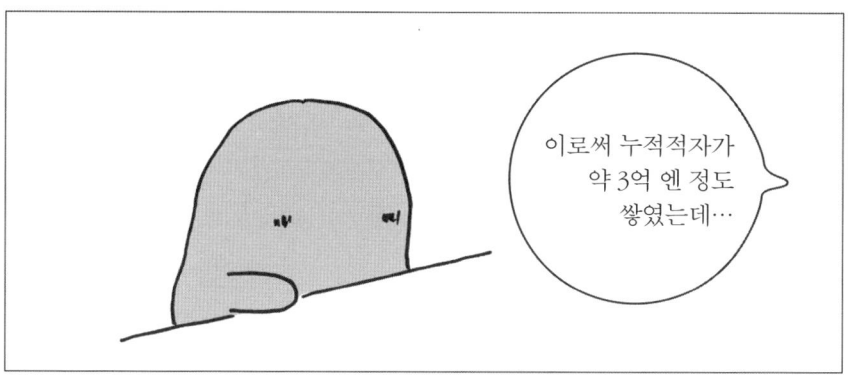

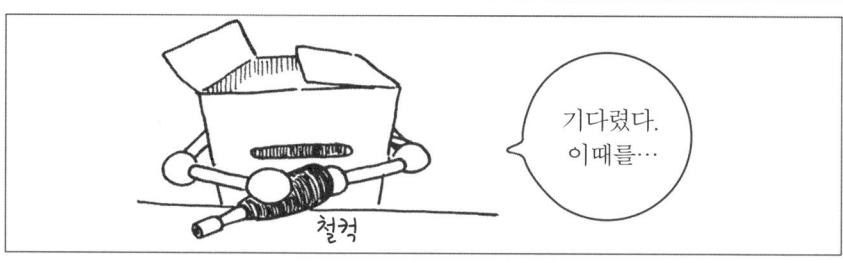

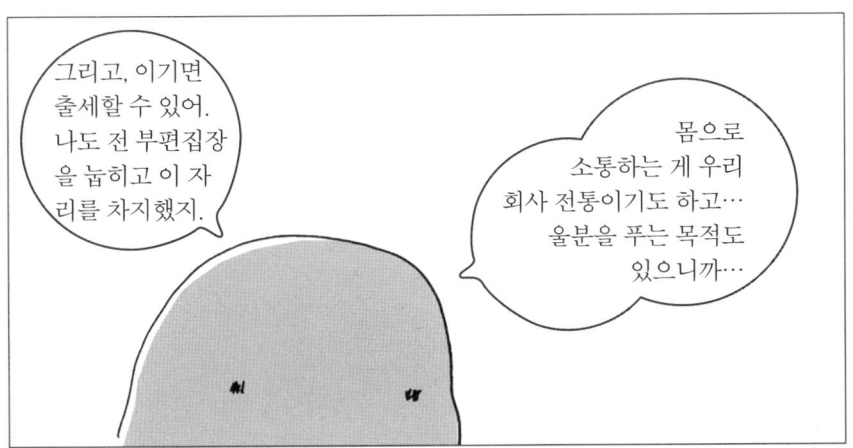

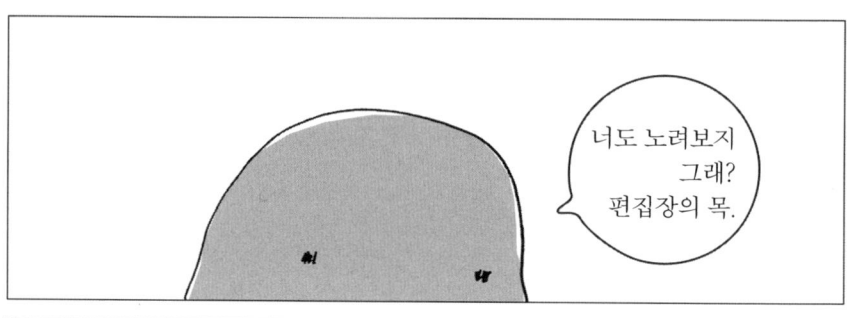

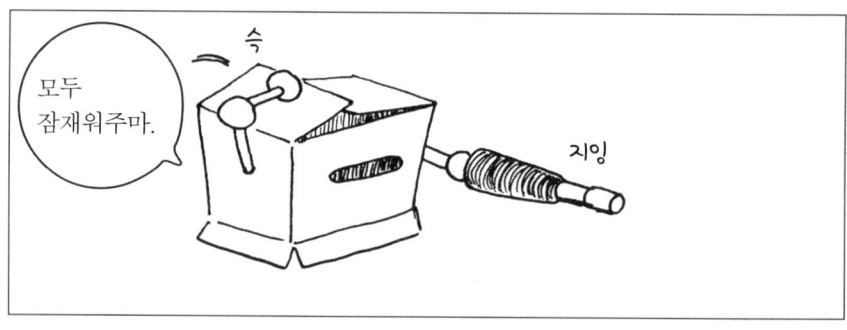

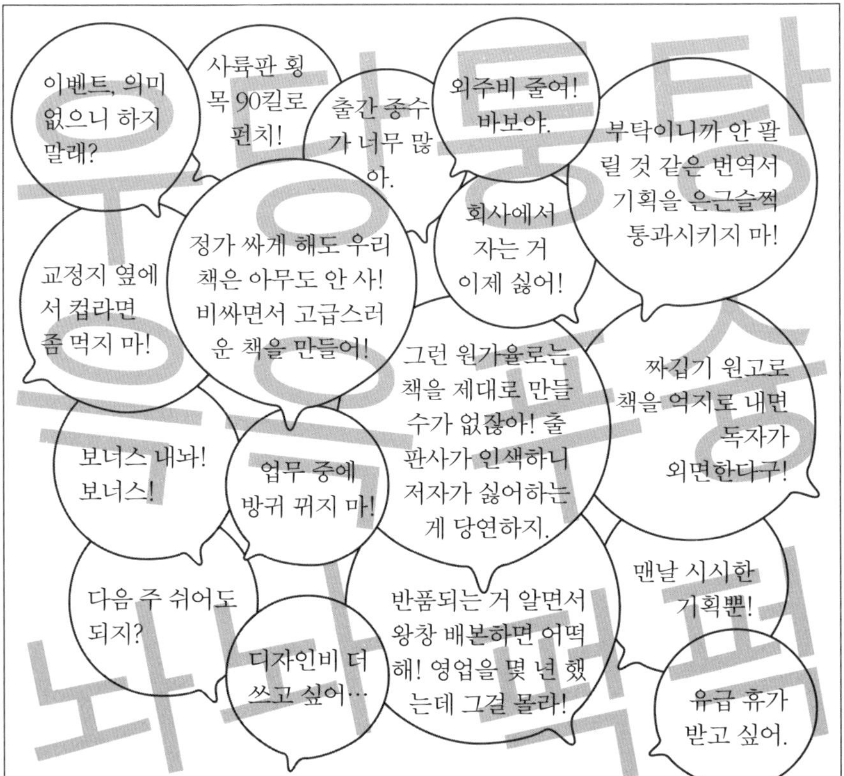

2시간 뒤

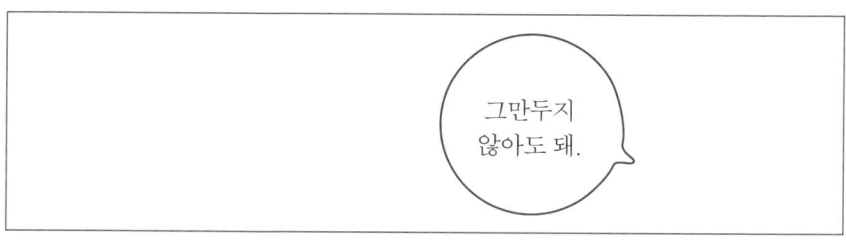

경영이 어려워지면 부동산 자산을 팔아서 위기를 넘기려는 출판사가 많다. 팔 수 있는 부동산이라도 있으면 그나마 다행이다. 개중에는 회사가 망해도 부동산 자산은 빼돌리는 사장도 있다.

저자 인터뷰
KAWASAKI SYOUHEI

편집자이기도 하고 만화가이기도 하다. 그 두 가지 일을 하게 된 계기는?

원래 저자로 미술과 사회과학에 관한 글을 썼다. 편집자가 된 까닭은 책과 더 깊이 관계된 일을 하고 싶었기 때문이다. 만화가 일은 코믹마켓에 참가하기 위해 동인지를 만든 게 계기였다. 동인지는 도전해보고 싶은 테마를 '적은 부수, 적은 페이지수, 적은 예산'으로 실험할 수 있어서 선택했다. 『중쇄 미정』도 동인지로 시작했다.

지금까지 저자로서 다양한 주제를 다루었는데, 이번에는 작은 출판사를 주제로 만화를 그렸다. 특별한 동기가 있었나?

지금까지 편집자나 출판사를 다룬 만화는 많았다. 쓰시다 세이키의 『편집왕』, 안노 모요코의 『워킹맨』, 마쓰다 나오코의 『중쇄를 찍자!』 등등. 그러나 그런 작품들은 모두 큰 출판사를 무대로 했다. 물론 다 재미있는 작품이었지만, 나에겐 '큰 출판사만이 출판사가 아니다. 작은 출판사에서 노력하는 편집자에게도 주목해주면 좋겠다'는 바람이 있었다. 그래서 이 만화를 그리게 되었다. 단순히 '열심히 일하는 사람'을 그리는 것에 그치지 않고 일본 출판업계의 문제점도 짚어보고 싶었다.

한국에선 『중쇄를 찍자!』 만화와 드라마가 출판인들 사이에서 화제가 된 적이 있다. 『중쇄 미정』과는 정반대의 제목인데, 그 작품에 관해 어떻게 생각하나?

재미있는 작품이다. 뜨거운 이야기가 있고 매력적인 캐릭터도 많다. 나 역시 팬이다. 『중쇄 미정(重版未定)』이란 제목도 그 만화에서 유래했다. 만화 잡지의 편집자는 힘들겠지만, 즐거워 보인다. 한 번만이라도 좋으니까 만화 잡지의 편집자로 일해보고 싶다. 금방 그만두겠지만(웃음).

『중쇄를 찍자!』를 읽었을 때는 내가 출판사에서 편집자로 일하기 시작한 때였다. 내가 다니는 곳은 만화를 다루지 않기 때문에, 만화의 판매 부수에 놀라기도 하고, 저자를 대하는 모습을 보고 공감하기도 했다. 3류 편집자인 나로선 배울 점이 많은 작품이었다. 그러나 한편으론 '이건 대형 출판사 쇼각칸(小学館)의 논리잖아' 하는 생각도 들었다. 그게 나쁘다는 얘기가 아니라 출판업계를 초대형 출판사(에서 근무하는 편집자)의 시점으로 한정한 만화라는 점을 지적하고 싶다. 일본 출판사의 전체 수는 2015년 기준으로 3489개이며, 출판업계 총매출의 약 50%는 상위 50개의 대형 출판사가 차지한다. 『중쇄를 찍자!』는 그런 대형 출판사를 배경으로 삼은 것이다. 반면, 약 3000개의 중소형 출판사는 다 합쳐도 출판업계 총매출에서 고작 10%도 차지하지 못하는 현실이다. 그런 출판사의 모습은 어떨까? 거기에서 근무하는 편집자는 어떤 마음가짐으로 일하고 있을까? 현재의 출판 불황에 관해서 어떻게 생각하고 있을까? 무엇을 바꾸려고 할까? 그러한 의문을 깊이 파고들기 위해 소형 출판사에서 일하는, 그다지 우수하지 않은 편집자, 바로 나 같은 편집자를 주인공으로 해서 만화를 그려본 것이다. 수십만 부 베스트셀러와는 거리가 먼 출판사이지만, 그곳에서 일하는 편집자의 시점으로 출판업계의 실상을 보여주고 싶었다.

등장인물은 실제 모델이 있나?

특별히 없다(웃음). 이런 편집자가 있으면 좋겠다, 이런 출판사가 있으면 재밌겠다는 발상으로 그렸다.

한국에선 편집자가 무슨 일을 하는 사람인지 모르는 사람이 많다. 일본은 편집자나 출판사를 다룬 작품이 많아서 편집자가 어떤 직업인지 잘 알 것 같은데, 실제로는 어떤가?

아니다. 일본에서도 편집자란 직업에 관해 일반인은 잘 알지 못한다. '책을 만드는 사람' 정도로만 인식하지, 실제로 어떤 일을 하는지는 잘 알려지지 않았다. 그에 비해 만화 잡지의 편집자는 꽤 알려졌을지도 모르겠다. 그러나 『중쇄미정』의 등장인물 같은 일반 단행본 편집자는 대중의 흥미를 끌지 못하기 때문에 잘 알려지지 않았다고 본다.

저자로서 편집자와 만나면 어떤 편집자에게 끌리는가? 반대로 편집자로서는 어떤 저자에게 끌리는가?

함께 일하고 싶다고 생각하는 편집자는 나를 전적으로 믿어주는 사람이다. 맡기고 마감까지 쭉 나를 믿어주는 편집자에게 끌린다. 편집자로서는 의욕이 넘치는 저자에게 매력을 느낀다. "아이디어가 너무 많아서 한 권에 다 담을 수 없어. 어쩌지!?"라고 말하는 저자를 만나면 나도 의욕이 생긴다.

이 만화의 「기획회의」편에서 표류사의 출판 결정 장면이 인상적이었다. 보통은 잘 팔리는 책 위주로 내려고 하지 않나. 저런 결정을 하는 출판사가 일본에 있나?

일본 출판업계가 특별한 것은 완전도서정가제(할인 없이 정가로만 판매하는 제도=재판매가격유지제)를 전제로 한다는 점이다. 독자가 실제로 책을 구입하는 '실판매부수'도 물론 중요하지만, 출판사의 매출은 그 전 단계인 도서유통사로부터 나온다. 3000부 인쇄해서 2000부를 도서유통사가 받아주면 2000부의 매출이 생긴다. 실제로는 반년에서 1년 뒤에 반품으로 돌아와서 매출이 깎이지만, 출판 직후에는 일단 장부상 매출로 잡힌다. 도서유통사와 완전도서정가제 덕택에 그 장면처럼 '팔릴지 안 팔릴지 모르지만, 일단 내보자'는 선택을 할 수 있는 것이다. 완전도서정가제가 업계의 나쁜 관행을 만들기도 했지만, 출판사는 그 혜택을 받는 측면도 크다. 어려운 문제이다.

출판사의 기획회의에서 주인공처럼 "제가 독자입니다. 제가 읽고 싶습니다"라고 말한다면, 상사가 뭐라고 할까?

대형 출판사에선 그냥 넘어가줄지도 모른다(웃음). 약소 출판사에선 틀림없이 상사에게 혼날 것이다. 왜냐하면, 영세할수록 모험하기 어려우니까. 독자가 누구인지 미리 조사해서 그걸 근거로 출간 여부를 결정하는 것이 보통이다. 그 대사는 내가 실제로 말하고 싶었다고 해야 하나, 그렇게 말하면 기분이 좋을 것 같아서 생각했다.

그러나 약소 출판사의 경우, 초판이 2000부 정도이니 '평균적인 독자층'을 너무 의식할 필요는 없다고 본다. 오히려 '누가 뭐라든 이건 재미있는 책이야!'라고 믿고 편집하는 편이 불타오르지 않을까.

잘 팔릴 책과 내고 싶은 책 중, 편집자로서 어느 쪽을 우선시하나? 잘 안 팔려도 언젠가 꼭 내고 싶은 책은 있는가?

내고 싶은 책을 우선시한다. 시간은 유한하고 나에겐 내고 싶은 책이 아직 많기 때문이다. 꼭 내고 싶은 책은 20세기 초의 일본 대중문화를 재정의하는 책이다. 어떤 작품이 그 시대에 있었는지, 어떤 작가가 인기가 있었는지, 독자는 무엇을 원했는지…… 옛 문학의 부흥은 최근의 내 연구 주제와도 일치한다.

젊은이가 편집자가 되겠다고 한다면 어떤 조언을 하고 싶은가?

일단 체력을 키우라고 말하고 싶다. 다른 직업도 마찬가지이겠지만, 편집 일은 특히 마지막에 체력 싸움이라고 생각한다. 책상에서 하는 일이 대부분이지만, 장시간 노동이 일반적이다. 그럴 때 중요한 건 몸이다. 몸이 약해지면 머리도 제대로 돌아가지 않아서 결국 일할 수 없게 된다. 편집자가 되려면, 젊은 시절부터 매일 운동해야 한다는 것을 통감했다.

편집자로서 종이책이 점점 힘을 잃는 상황을 어떻게 보는가?

종이책이 힘을 잃는 까닭은 내용과 편집에서 종래의 방법론을 바꾸지 않아서라고 생각한다. 내용과 방향에서 새로운 시도를 한다면 종이책에도 가능성이 있을 것이다. 현재의 종이책은 태반이 실로 꿰맨 제본 방식인 코덱스(codex) 형태이지만, 옛날 알렉산드리아 도서관에 보관된 책들은 스크롤(두루마리 책) 형태가 주류였다. 현재 우리가 글을 읽는 방식은 압도적으로 스크롤이 많다. 다들 날마다 웹을 스크롤해서 보고 있지 않은가? 코덱스 형태의 종이책은 미디어로서 정보를 담는 그릇이 낡은 것인지도 모른다. 그럼, 역발상으로 종이책에서도 스크롤 형태를 부활시키면 재미나지 않을까 하는 생각도 해봤다.

오프라인 서점이 살아남으려면 앞으로 어떻게 해야 한다고 생각하나?

일본에선 '잡지 주의(잡지를 축으로 책을 판매하는 구조)'가 무너진 게 오프라인 서점 감소의 원인 중 하나라고 본다. 정기간행물이 줄어드니 정기적으로 서점에 오는 사람이 줄어들고, 결국 방문객 수 감소로 이어진다. 이런 시대에 '정기적으로 서점에 오는 사람'을 확보하려면 잡지처럼 일종의 커뮤니티를 만들 필요가 있다고 본다. 모호한 말이지만, 이벤트, 독서회, 비평회 등 독자들 사이의 축, 관계, 연대감이 생길 수 있는 환경을 서점이 솔선해서 만들어야 한다고 본다.

작은 출판사가 살아남으려면, 큰 출판사와 달리 어떤 방향으로 가야 할까?

'반드시 구입하는 2000명'을 확보하는 일이 선결이라고 본다. 그를 위해선 출판사에 확실한 개성이 있어야 한다. 제목이나 표지만 봐도 독자가 '아, 그 출판사로구나' 하고 알아보는…… 그런 식으로 책을 만드는 것이 살아남기 위한 최고의 작전이라고 생각한다. 적은 부수라도 개성과 독창성이 강하고 다른 데선 나올 수 없는 내용의 책. 독자가 그렇게 인식하는 책을 계속 만들면 금방 도산하는 일은 없다고 본다. 〈끝〉

저자 인터뷰

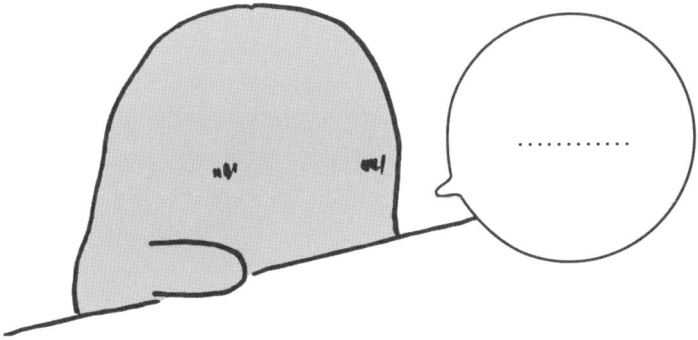

Juhan Mitei
by Shouhei Kawasaki

ⓒ Shouhei Kawasaki, 2016
All right reserved.

Korean Translation Copyright ⓒ2016 by GRIJOA

중쇄 미정 KOREA EDITION

펴낸날 | 초판 1쇄 2016년 12월 12일
지은이 | 가와사키 쇼헤이
옮긴이 | 김연한
펴낸이 | 김연한
펴낸곳 | GRI.JOA(그리조아)

엮은이 | 김연한
디자인 | 김연한
주 소 | 인천시 계양구 당미5길 7 우남 푸르미아 102-501
전 화 | 032-545-9844
팩 스 | 070-8824-9844
이메일 | fc@grijoa.com
웹사이트 | www.grijoa.com
페이스북 | www.facebook.com/grijoafc
출판등록 | 2013년 9월 4일 제 25100-2012-000005호

한국어판 ⓒ그리조아, 2016, Printed in Korea.
ISBN 979-11-951144-8-1

* 이 책의 한국어판 저작권은 저작권자와 독점 계약한 그리조아에 있습니다.
* 저작권법에 따라 한국 내에서 보호를 받는 저작물이므로 무단 전재와 무단 복제를 금합니다.
* 이 제작물은 직지소프트의 SM3 글꼴, 우아한형제들의 배달의민족 글꼴, 아모레퍼시픽의 아리따 글꼴,
  네이버의 나눔 글꼴, 산돌커뮤니케이션의 미생 글꼴, 구글의 Noto 글꼴을 사용하여 디자인되었습니다.
* 책값은 뒤표지에 있습니다.
* 파본은 구입하신 곳에서 바꾸어 드립니다.

이 도서의 국립중앙도서관 출판예정도서목록(CIP)은 서지정보유통지원시스템 홈페이지(http://seoji.nl.go.kr)와
국가자료공동목록시스템(http://www.nl.go.kr/kolisnet)에서 이용하실 수 있습니다.(CIP제어번호: CIP2016026724)